décembre 1875
M. Tippmann — 3 rue Daubs

Vente des Vendredi 3 et Samedi 4 Décembre 1875.

SUCCESSION COUVREUR

OBJETS D'ART

ET

D'AMEUBLEMENT

EXPOSITION PUBLIQUE : le Jeudi 2 Décembre 1875

COMMISSAIRES-PRISEURS :

Mᶜ CHARLES PILLET,
10, rue de la Grange-Batelière.

Mᵉ MAURICE DELESTRE,
rue Drouot, 23.

EXPERT :

M. CHARLES MANNHEIM, 7, rue Saint-Georges.

CATALOGUE

DE

OBJETS D'ART

ET

D'AMEUBLEMENT

SCULPTURES EN BOIS, EN IVOIRE, EN MARBRE
ET EN TERRE CUITE;
BRONZES D'ART ET D'AMEUBLEMENT; PORCELAINES,
MEUBLES

Dépendant de la succession de M. COUVREUR

ET DONT LA VENTE AURA LIEU

HOTEL DROUOT, SALLE N° 3

Les Vendredi 3 et Samedi 4 Décembre 1875

A DEUX HEURES.

COMMISSAIRES-PRISEURS :

M° CHARLES PILLET,	M° MAURICE DELESTRE,
10, rue de la Grange - Batelière.	SUCCESSEUR DE M° DELBERGUE-CORMONT, rue Drouot, 23.

EXPERT :

M. CHARLES MANNHEIM, 7, rue Saint-Georges,

Chez lesquels se trouve le présent Catalogue.

EXPOSITION PUBLIQUE: le Jeudi 2 Décembre 1875,
DE UNE HEURE A CINQ HEURES.

CONDITIONS DE LA VENTE

Elle sera faite au comptant.

Les adjudicataires payeront *cinq pour cent* en sus des enchères.

L'exposition mettant le public à même de se rendre compte de l'état des objets, il ne sera admis aucune réclamation une fois l'adjudication prononcée.

Paris. — Imp. Pillet fils aîné, rue des Grands-Augustins, 5.

DÉSIGNATION DES OBJETS

BRONZES D'ART

1 — Deux jolies figures en bronze du temps de Louis XIV : Hercule portant le sanglier de Calydon et David vainqueur de Goliath.

2 — Buste de Socrate, grandeur nature, en bronze, patine verdâtre.

3 — Statuette en bronze : Vénus au dauphin.

4 — Petit modèle de fontaine en bronze, orné de quatre figurines d'hommes et de dauphins.

5 — Marteau de porte en bronze, composé d'enroulements et de deux figurines d'enfants soutenant un buste d'homme. Italie, xvi° siècle.

6 — as-relief en bronze, représentant le Frappement du rocher. xvii° siècle.

7 — Pied de flambeau en bronze, à figures et ornements en relief. Travail italien du xvi° siècle.

8 — Médaillon rond en bronze offrant, en relief, le sujet
de David vainqueur de Goliath. xviᵉ siècle.

9 — Bas-relief en bronze du temps de Louis XIV, représentant l'écusson de France au centre de rayons et en-
touré de divers attributs.

10 — Deux petits bustes en bronze : le Christ et la Vierge.
Sur socles carrés en marbre jaune de Sienne, avec
moulures en bronze ciselé et doré.

11 — Deux bas-reliefs en bronze doré, représentant des
sujets de batailles du temps de Louis XIV, d'après Van-
der Meulen.

12 — Deux petits groupes en bronze : bacchanales d'enfants.

13 — Deux médaillons ovales en bronze : bustes en haut-
relief du Christ et de la Vierge.

14 — Modèle de dessus de fontaine en bronze, décoré de
dauphins et d'une figurine de génie. Travail italien du
xvi siècle.

15 — Petit buste d'homme en bronze. Mêmes travail et
époque.

16 — Coffret rectangulaire en bronze, à figures de cen-
taures et de bacchantes en relief. Italie, xviᵉ siècle.

17 — Très-petit groupe en bronze : Actéon changé en cerf. Sur socle en marbre blanc, orné d'appliques en bronze ciselé et doré.

18 — Petit buste en bronze de Henri IV. Sur socle en marbre brocatelle d'Espagne.

19 — Groupe de deux figures en bronze : nymphe endormie et satyre. xvii° siècle.

20 — Autre groupe de deux figures en bronze : nymphe endormie et adolescent. xvii° siècle.

21 — Groupe de deux figures de femmes en bronze. Cette pièce est incomplète.

22 — Flambeau bas en bronze, en forme de vase sur large base.

23 — Figure d'apôtre debout en bronze. xvii° siècle.

24 — Figure d'enfant nu couché et endormi. xviii° siècle.

25 — Deux statuettes de portefaix en bronze. xvii° siècle.

26 — Deux flambeaux en bronze, modèle trépied, ornés de cariatides de femmes et surmontés de vases.

27 — Deux petits bustes en bronze : personnages du temps de Louis XIV. Sur socles en marbre.

28 — Groupe de deux figures en bronze : Vénus et l'A-
mour. Italie, xvie siècle.

29 — Très-petit groupe en bronze : Hercule et Cerbère.

30 — Renard passant, en bronze. Sur socle rectangulaire.

31 — Statuette en bronze : Hercule à la panthère. Sur
socle en marbre jaune de Sienne.

32 — Deux petites figures équestres de cavaliers en cos-
tumes du temps de Louis XIV. Sur socles en marbre.

33 — Deux dragons ailés en bronze. Sur socles en marbre.

34 — Deux pièces en bronze : cheval et bouc au galop.

35 — Figurine en bronze : Antinoüs debout.

36 — Statuette en bronze, de style étrusque.

37 — Deux petits bustes en bronze : Henri VIII et Anne
de Boleyn.

38 — Petit buste de femme, de style antique.

39 — Figurine d'Hercule enfant étouffant les serpents.

40 — Petit buste en bronze : Mlle Clairon, actrice,

41 — Petite statuette de Junon en bronze.

42 — Quatre médaillons en bronze, par David d'Angers :
de Humboldt, Benjamin Constant, etc.

43 — Trois petits bustes en bronze : Jupiter, Faune et
nymphe.

44 — Petite tête de faune. Travail italien du xvie siècle.

45 — Deux petits flambeaux en cuivre gravé et incrusté
d'argent.

46 — Base de forme cylindrique en bronze, à pilastres
ornés et entredeux à médaillons, bustes et ornements.

47 — Voltaire et Rousseau, deux petits bustes en bronze.
Sur socles en marbre noir garnis en bronze doré.

SCULPTURES

48 — Marbre blanc. — Buste de femme, grandeur nature.
Travail antique ?

49 — Marbre blanc. — Bas-relief rectangulaire représentant la Vierge vue à mi-corps. xve siècle.

49 *bis*. — Marbre blanc. — Beau Christ en croix ; le tout
pris dans un seul morceau de marbre. Le cadre est
en bois sculpté et doré. Époque Louis XIV.

50 — Terre cuite. — Figure d'homme debout, représentant l'Hiver. Italie, xviie siècle.

51 — Terre cuite. — Petit groupe de deux enfants tenant un écusson. Il a été bronzé. Époque Louis XV.

52 — Terre cuite. — Buste de femme du temps de Louis XVI, grandeur nature.

53 — Terre cuite peinte en blanc. — Buste de jeune femme couronnée de fleurs. Époque Louis XVI.

54 — Terre cuite. — Quatre figurines représentant les Quatre parties du Monde.

55 — Terre cuite. — Buste de femme de style italien de la Renaissance. Grandeur nature.

56 — Marbre blanc. — Bas-relief sans fond, représentant Louis XIV de profil, à droite.

57 — Marbre blanc. — Encadrement composé d'enroulements, de mascarons et d'attributs de jardinage. Époque Louis XIV.

58 — Terre cuite. — Haut-relief représentant un sujet tiré de l'histoire romaine.

59 — Marbre blanc et noir. — Écusson armorié, surmonté d'une couronne ducale.

60 — Marbre blanc. — Bas-relief ovale représentant Vénus et l'Amour, dans le style de Clodion.

61 — Terre cuite. — Buste, grandeur nature, de M. de Calonne, attribué à Pajou.

62 — Terre cuite. — Buste d'homme, grandeur nature. Époque Louis XVI.

63 — Terre cuite. — Deux statuettes, par Ramey. L'une d'elles représente un personnage en costume du temps de Napoléon Ier (le prince Eugène ?).

64 — Ecume de mer. — Très-grosse pipe offrant dans son pourtour le Combat des Amazones en haut relief. Elle est surmontée d'une couronne en argent. Beau travail.

65 — Bois peint. — Deux figures en bois peint et vêtues en étoffe variée : moine et paysanne. Travail italien.

66 — Terre cuite. — Figurine : Vénus au dauphin.

67 — Terre cuite. — Groupe de trois figures : nymphes et satyre.

68 — Terre cuite. — Figure assise : Achille blessé.

69 — Marbre blanc. — Figurine incomplète de Vénus assise.

70 — Pierre de Munich. — Médaillon rond représentant
un personnage en costume du xvie siècle. Travail moderne.

71 — Terre cuite. — Bas-relief attribué à Clodion et représentant une offrande à Priape.

72 — Terre cuite. — Bas-relief du temps de Louis XVI,
représentant des nymphes se livrant au plaisir du bain.

73 — Marbre blanc. — Haut-relief de forme cintrée :
Vénus au dauphin.

74 — Terre cuite. — Deux hauts-reliefs ovales représentant des bacchanales d'enfants.

75 — Albâtre. — Haut-relief représentant le Calvaire. Le
fond est rehaussé d'or. xvie siècle.

76 — Bois. — Grand bas-relief de forme cintrée, représentant un sujet biblique. Travail allemand du xvie s.

77 — Bois. — Haut-relief représentant l'Adoration des rois
mages.

78 — Pierre de Munich. — Bas-relief cintré, par M. de
Triqueti : le Dante rendant hommage à Homère.

79 — Terre cuite. — Deux cippes offrant au pourtour des

bacchanales d'enfants en relief. L'un d'eux est signé
Collet.

80 — Terre cuite. — Médaillon rond, par NINI : buste
de profil de Suzanne Jarente de la Reynière. 1769.

81 — Terre cuite. — Petit bas-relief représentant un satyre et deux bacchantes.

82 — Terre cuite. — Petite statuette de bacchante attri-
buée à MARIN.

83 — Terre cuite. — Petit bas-relief représentant une
figurine d'amour dans un cadre en brocatelle d'Espagne et marbre vert antique.

84 — Terre cuite. — Ébauche. Groupe de deux figures :
Angélique et Médor.

85 — Marbre blanc. — Deux bustes de profil. L'un d'eux
dans un médaillon ovale, et l'autre dans un médaillon
rond.

86 — Marbre blanc. — Fragment de retable du xve siècle.

87 — Marbre blanc. — Petite figure d'enfant bacchant
tenant un vase. Époque Louis XVI.

88 — Marbre blanc. — Statuette d'enfant triton. Cette
pièce est incomplète.

89 — Deux petits bustes d'enfants, l'un deux en marbre blanc, et l'autre en serpentine.

90 — Bas-relief en ardoise représentant un sujet biblique.

91 — Marbre blanc. — Petit chien couché tenant un vase.

92 — Pierre de Munich. — Médaillon rond offrant en bas-relief le buste de Luther.

93 — Marbre blanc. — Figurine d'amour couché sur un dauphin.

94 — Ivoire. — Bas-relief carré représentant le Christ mort descendu de la croix et soutenu par deux anges. xviie siècle. Cadre en cuivre à rosaces.

95 — Ivoire. — Bas-relief carré représentant un satyre, une nymphe et des amours. xviie siècle.

96 — Ivoire. — Bas-relief carré représentant saint Joseph, la Vierge et l'enfant Jésus. xviie siècle.

97 — Ivoire. — Bas-relief carré : David, vainqueur de Goliath. xviie siècle.

98 — Ivoire. — Groupe de deux figures : saint Sébastien ; à ses pieds est un ange. xviie siècle.

99 — Ivoire. — Petit groupe : la Vierge assise tient son fils assis sur ses genoux. xiv° siècle.

100 — Ivoire. — Statuette de femme nue et debout, sur socle en bois noir. xviii° siècle.

101 — Ivoire. — L'enfant Jésus couché et endormi. xvii° siècle.

102 — Ivoire. — Trois petits groupes et deux figurines représentant des sujets variés. xvii° siècle.

103 — Ivoire. — Deux cuillers dont les manches se terminent par des bustes de femmes. Travail moderne dans le style du xvi° siècle.

104 — Ivoire. — Boîte de forme sphérique sur pied mobile à figures, fleurs et animaux sculptés en relief. Travail indien.

105 — Ivoire. — Trois bas-reliefs de même travail, dont un à double face.

106 — Ivoire. — Manche de couteau offrant au pourtour diverses figures mythologiques et à sa partie supérieure un mascaron. xvii° siècle.

107-108 — Ivoire. — Six manches de couteaux variés de formes et d'époques. Ce lot sera divisé.

109 — Ivoire. — Deux volets de diptyque et une frise
sculptés en bas-relief et représentant des bustes de
saints personnages dans le style du xiiᵉ siècle.

110 — Ivoire. — Deux volets de diptyques sculptés en
bas-relief, et représentant le couronnement de la
Vierge. xvᵉ siècle.

111 — Ivoire. — Christ en croix, remarquable par ses
dimensions. Bon travail du temps de Louis XIV.
Haut., 75 cent.

112 — Ivoire. — Petit triptyque de forme monumentale
représentant le Christ en croix ; les volets offrent des
anges tenant des écussons armoriés. Travail moderne.

113 — Ivoire. — Deux bas-reliefs : piéta, composition de
quantité de figures, et saint Jérôme en prière. xviiᵉ siècle.

114 — Ivoire. — Trois très-petits bas-reliefs : 1° diverses scènes de la vie du Christ; 2° la Crèche; 3° médaillon à double face.

115 — Ivoire. — Deux pièces : bas-relief représentant
deux personnages près d'une fontaine dans le style du
xvᵉ siècle, et petit bas-relief représentant la Vierge,
l'enfant Jésus et saint Jean.

116 — Ivoire. — Deux petits tableaux très-finement gravés

au trait et représentant des paysages avec figures et animaux. Cadres en bois sculpté à feuillages.

117 — Ivoire. — Deux bas-reliefs : pieta, et le Christ au roseau.

118 — Ivoire. — Quatre bas-reliefs : la Vierge et l'enfant Jésus, saint personnage en prière et deux personnages costumés à l'orientale.

119 — Ivoire. — Quatre pièces : saint Sébastien, la Vierge et l'enfant Jésus, sainte femme et ébauche de figure d'enfant.

120 — Ivoire. — Quatre pièces : tête de mort, enfant accroupi, buste de Henri IV, et encrier de poche du temps de Louis XVI.

121 — Ivoire et corne de cerf. – Douille en ivoire offrant au pourtour des figurines séparées par des termes sculptés en bas-relief, et plaque de pulvérin en corne de cerf représentant la Résurrection. xvie siècle.

122 — Ivoire. — Quatre manches de couteaux composés de groupes d'enfants.

123 — Ivoire. — Buste de profil et sans fond du pape Clément XI. Travail très-fin.

124 — Ivoire. — Crosse d'évêque dans le style du xii⁰ siècle et montée en cuivre.

125 — Ivoire. — Deux statuettes de personnages accroupis à têtes mobiles et montés sur des socles en bois noir, -ncrusté de nacre et garnis en argent.

126 — Buis. — Sainte Madeleine assise sur un cœur. xvii⁰ siècle.

127 — Bois. — Petite tête de femme avec riche coiffure du xvi⁰ siècle.

128 — Corne. — Petit vase à couvercle offrant au pourtour des jeux d'enfants. xvii⁰ siècle.

129 — Bois. — Deux figurines d'enfants couchés pour fronton.

130 — Bois. — Très-petit médaillon ovale sculpté en bas-relief sur ses deux faces. Il représente le sujet de l'Annonciation et saint Michel terrassant le monstre.

131 — Bois. — Manche de fuseau en bois très-finement sculpté à figures et animaux.

132 — Bois. — Diptyque russe garni en argent et contenant deux bas-reliefs représentant un grand nombre de bustes de saints personnages.

133 — Bois. — Haut-relief sans fond représentant une
sainte reine vue à mi-corps en riche costume du
xviie siècle.

134 — Ivoire. — Deux pièces : petit diptyque et bas-relief
sculpté à figures dans le style du xive siècle.

135 — Ivoire et bois. — Jeu d'échecs dont les figures re-
présentent des gardes françaises, en ivoire et bois.Avec
son échiquier incrusté.

136 — Ivoire. — Petit groupe : la Vierge portant l'enfant Jésus. Dans une boîte en marqueterie de Boule.
xviie siècle.

137 — Ivoire. — Petite coupe ronde sur pied découpé à
jour. Travail de tour.

138 - Ivoire. — Bas-relief rectangulaire en hauteur. Il
représente Vénus et l'Amour dans un paysage. xviie siècle.

139 — Ivoire. — Bas-relief rectangulaire en largeur. Vénus et l'amour couchés dans un paysage. xviie siècle.

140 — Ivoire. — Bas-relief en hauteur : saint François
tenant l'enfant Jésus. Dans le haut, la Vierge et des
anges xviie siècle.

PORCELAINES

141 — Grande tasse modèle litron, à deux anses, avec soucoupe, en vieux Sèvres pâte tendre, à médaillons sujets
militaires et paysages. Epoque Louis XV.

142 — Tasse forme droite, avec soucoupe en vieux Sèvres
pâte tendre, décorée de couronnes de laurier et d'ornements.

143 — Tasse de forme arrondie, avec soucoupe, en vieux
Sèvres pâte tendre, à bandes bleues et entre-deux à
couronnes de laurier.

144 — Tasse de forme arrondie et à côtes, en porcelaine
tendre, à bandes roses rehaussées d'or et fleurettes.

145 — Théière, sucrier, trois soucoupes et une tasse, en
vieux Sèvres pâte tendre, modèle à côtes, gros bleu et
ornements d'or.

146 — Deux vases de forme ovoïde en porcelaine tendre,
fond gros bleu et médaillons de fleurs et sujets marines;
monture à anses en bronze doré.

147 — Très-grand et beau bol en ancienne porcelaine de
l'Inde, décoré d'un festin d'après Hogarht, et de fleurs.

148 — Deux grands compotiers de forme carrée à angles

arrondis, en vieux Sèvres pâte tendre, décorés de fleurs. L'un d'eux est enrichi d'ornements gaufrés.

149 — Tasse de forme arrondie avec soucoupe en porcelaine pâte tendre, fond vert à œils de perdrix d'or, et médaillons sujets champêtres.

150 — Deux bouts de table en vieux Sèvres pâte tendre, fond brun et fleurs. Époque Louis XVI.

151 — Moutardier en vieux Sèvres pâte tendre, décoré de fleurs sur fond bleu turquoise.

152 — Coffret rectangulaire en porcelaine de Saxe moderne, décoré de groupes de figures.

153 — Presse-papier en porcelaine tendre et blanche, formé d'un groupe de deux enfants couchés.

154 — Figure en faïence italienne : la Vierge portant l'Enfant Jésus.

155 — Médaillon rond en biscuit : buste de Bailly, maire de Paris ; dans un cadre en bronze doré portant une longue inscription.

156 — Déjeuner en vieux Sèvres pâte tendre, décoré de fleurettes bleues et contenu dans une boîte en bois de rose. Epoque Louis XV.

157 — Écuelle à couvercle en porcelaine tendre, fond gros bleu et médaillons d'oiseaux.

158 — Tête-à-tête en porcelaine de Sèvres, du temps de Louis-Philippe, décoré de fleurs et d'or. Présent de la duchesse d'Orléans.

159 — Bol du temps de Louis XVI, en porcelaine dure décorée de festons de fleurs et d'ornements d'or.

160 — Buire et son bassin en faïence de Perse, à décor en camaïeu bleu.

161 — Tasse avec soucoupe en porcelaine tendre, fond gros bleu à émaux en relief, et portrait de femme.

162 — Cabaret en vieux Chine, décoré de figures émaillées en couleurs. Il se compose de douze pièces.

163 — Théière en vieux Chine, décorée de sujets européens et montée en argent.

164 — Pot à eau en vieux Chine, décoré de figures émaillées en couleurs.

165 — Coupe en ancienne porcelaine de Chine, décorée à l'imitation de fleurs et montée en bronze à deux anses.

BRONZES D'AMEUBLEMENT

166 — Pendule du temps de Louis XVI, formée d'une façade émaillée, par Coteau, à figures et ornements sur fond bleu et en bronze doré au mat.

167 — Petite pendule du temps de Louis XVI, à quatre colonnettes cannelées et à vase en bronze doré.

168 — Petite pendule en bronze doré, modèle à consoles carrées et à festons de lauriers.

169 — Deux flambeaux du temps de Louis XIV, en bronze, à cariatides, médaillons et ornements.

170 — Deux flambeaux Louis XVI, en bronze doré et ciselé à feuilles.

171 — Deux chenets du temps de Louis XIV, en bronze : enfants assis sur des chèvres et montés sur des socles à quatre consoles ornées de mascarons.

172 — Petit cartel Louis XV, en bronze, modèle rocaille et guirlandes de fleurs.

173 — Deux chenets du temps de Louis XIV, en bronze, formés de vases à anses têtes de femmes, et sur socles carrés.

174 — Cartel en bronze, modèle rocaille, orné d'une
figurine d'enfant et de fleurons. Epoque Louis XV.

175 — Petite pendule du temps de Louis XVI, en bronze
ciselé et doré, sur socle en marbre blanc et ornée de
deux cornes d'abondance.

176 — Pendule en bronze de même époque : cheval en
bronze vert supportant le mouvement, encadré de
bronze doré ; socle en marbre griotte.

177 — Deux bras Louis XVI, en bronze, à deux lumières
et à montant cannelé, orné de guirlandes et surmonté
d'un vase.

178 — Pendule à mouvement visible et à deux cadrans.

179 — Pendule en acajou avec mouvement et thermomètre, de Janvier.

180 — Quatre petits cadres du temps de Louis XVI, en
bronze doré, dont deux de forme ovale et deux carrés.

181 — Deux flambeaux en forme de vases, sur piédestaux
carrés, garnis en bronze ciselé. Epoque Louis XVI.

182 — Petite pendule de voyage, du temps de Louis XVI,
en bronze ciselé et doré.

183 — Deux petits bustes en bronze doré, sur socles er
marbre blanc : Voltaire et Rousseau.

184 — Deux flambeaux formés chacun d'une figurine d'enfant assis, sur un socle en marbre blanc.

185 — Deux cachepots en cuivre battu et avec anses.

186 — Deux candélabres de style **Louis XV**, à six lumières.

187 — Surtout de table composé de cinq plateaux en
bronze et glace.

188 — Lot de diverses montures, des époques **Louis XV**
et **Louis XVI**.

MEUBLES

189 — Petit bahut du xvi⁰ siècle en bois sculpté à figures
et à colonnettes cannelées aux angles.

190 — Baromètre et thermomètre avec culs-de-lampes en
bois de placage et cuivre gravé. Époque **Louis XIV**.

191 — Quatre panneaux et deux frises en bois sculpté à
bustes et ornements. xvi⁰ siècle.

192 — Quatre petits cadres, dont deux du temps de Louis XVI, et deux à moulures avec appliques en cuivre et en argent rapportés.

193 — Petite pendule du temps de Louis XIV avec socle de suspension, en marqueterie de cuivre et écaille, et garnie de bronze. Elle est surmontée d'un coq.

194 — Bénitier du temps de Louis XIV, en bois sculpté et doré, orné de têtes de chérubins et de dauphins.

195 — Deux autres bénitiers de même style, en bois sculpté et doré.

196 — Bidet du temps de Louis XVI en marqueterie de bois à fleurettes vertes sur fond de citronnier.

197 — Petite pendule du temps de Louis XIV, plaquée d'écaille et garnie de bronzes.

198 — Petit bureau plat de style Louis XIV, en bois de placage, garni de bronzes.

199 — Chiffonnier Louis XV en bois de placage, garni de bronzes et pouvant servir de médaillier.

200 — Secrétaire Louis XVI en racine de bois, garni de quelques ornements de bronze.

201 — Petit fût de colonne de forme surbaissée et cannelée, en pierre de Florence.

202 — Petite table Louis XVI en bois sculpté, peint en noir et doré en partie.

203-204 — Deux coffrets en bois sculpté à ornements, chiffres et armoiries, de Bayard de Nancy.

205 — Deux petites glaces avec cadres en bois sculpté et doré.

206 — Petite glace carrée biseautée, avec cadre à moulures guillochées et plaquée d'écaille.

207 — Cabinet du Tonkin en bois dur incrusté de nacre de perle.

208 — Deux encadrements de dessus de portes en bois sculpté. Époque Louis XV.

209 — Coffre-fort de Le Paul, à Paris.

210 — Écran en acajou avec feuille en tapisserie à la main à guirlandes de fleurs.

211 — Coffre rectangulaire en bois sculpté, surmonté d'un groupe représentant un satyre combattant un lion.

212 — Coffret formé de défenses de porc-épic.

213 — Coffret rectangulaire en marqueterie des trois parties. XVIIIe siècle.

214 — Coffret rectangulaire en bois sculpté à ornements gothiques et armoiries.

215 — Coupe carrée en bois dur incrusté de nacre. Travail du Tonkin.

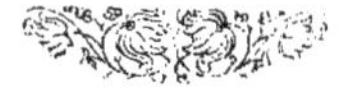